Inhalt

Vorwort

Ein Blatt Papier und ein paar gezielte Kniffe – schon ist das Flugzeug startklar oder das Schiff bereit zur wilden Fahrt über den Fluss. Fast jeder kennt eine oder zwei Faltfiguren und kann sie ohne Anleitung nachfalten. Neben dem Flugzeug gehören der Malerhut und der Fächer zu den beliebten und einfach zu faltenden Figuren. Das ist aber längst nicht alles, was aus einem Blatt Papier entstehen kann.

Die Kunst, Papier zu falten, hat nicht nur in Japan eine lange Tradition. Dort gehört Origami, so der japanische Name für die Faltkunst, bereits im Kindergarten zum Unterrichtsprogramm. Auch bei uns findet der lustige Zeitvertreib immer mehr Anhänger, und nicht nur Kinder begeistern sich für die Fülle an Formen, die aus einem quadratischen Papier entstehen können.

Mit ein bisschen Geschick lässt sich ein ganzer Zoo oder Bauernhof aus den bunten Faltblättern kniffen. Tisch- und Weihnachtsdekorationen, Geschenkverpackungen und Spielzeug sind weitere Möglichkeiten der Papiergestaltung, die in diesem Buch vorgestellt werden. Eine kurze theoretische Einführung gibt einen Überblick über die verschiedenen Papiersorten und die wichtigsten Falttechniken. Schritt-für-Schritt-Anleitungen in Bild und Wort regen im Praxisteil zum Ausprobieren der Objekte an und machen das Nachfalten leicht. Damit die Arbeit gelingt, starten Anfänger am besten mit den leichten Übungen. Wer schon Erfahrung im Falten hat, kann sich auch gleich an den schwierigen Modellen versuchen.

Wichtig ist, dass es Spaß macht. Was nicht auf Anhieb gelingt, wird später einfach noch einmal probiert. Falten kann man schließlich überall.

Viel Spaß dabei!

Einführung

Die Kunst des Papierfaltens.
Eine kleine Geschichte

Wie wird aus einem Blatt Papier ein Frosch, der hüpfen kann? Lässt sich jedes Papierformat benutzen, gibt es eine bestimmte Technik beim Falten und worauf ist sonst noch zu achten? Welches Material ist nötig, wenn man das Papierfalten ausprobieren möchte? Wer kam überhaupt auf die Idee, Figuren aus Papier zu falten?

Fragen über Fragen. Die Antworten darauf finden sich hier.

Die Geschichte des Papierfaltens reicht weit in die Jahrhunderte zurück. Sie beginnt mit der Erfindung des Papiers in China vor mehr als 2000 Jahren. Erste Papierfunde datieren dort um 200 v. Chr. Rund 300 Jahre später (um 105 n. Chr.) wurde zum ersten Mal aufgeschrieben, wie die Herstellung funk-

tioniert. Pflanzenfasern wurden zerkleinert, gestampft und gekocht. Daraus entstand ein Brei, den die Chinesen mit einem Sieb abschöpften. Das überschüssige Wasser wurde ausgepresst und die Bögen anschließend getrocknet und geglättet. Auf die gleiche Art und Weise kannst du heute auch selbst Papier herstellen.

Bevor das neue Material zum Falten von Figuren benutzt wurde, schrieb man darauf. Papiertaschentücher, Toilettenpapier, das erste Papiergeld und sogar Kleider wurden daraus hergestellt. Von China aus breitete sich das Verfahren zur Herstellung von Papier im asiatischen Raum, in die arabische Welt und weiter nach Europa aus. Einzelne Arbeitsschritte, die man bis dahin in Handarbeit erledigte, wurden ab dem Mittelalter maschinell durchgeführt. Papiermühlen und -pressen erleichterten nicht nur die Arbeit, sondern führten gleichzeitig zu einer höheren Papierqualität und machten das Material erschwinglicher.

Die ersten aus Papier gefalteten Figuren (ca. 200 n. Chr.) stammen wahrscheinlich ebenfalls aus China. Erst Jahrhunderte später entdeckten auch die Japaner die Faltkunst. Die Figuren hatten v. a. religiöse Bedeutung oder wurden für bestimmte Zeremonien gefaltet. Der Schmetterling als Symbol der Liebe durfte z. B. früher bei keiner Hochzeit fehlen. Allerdings konnten sich anfangs nur die Reichen das kostbare und teure Papier leisten. Erst mit der industriellen Herstellung des Papiers wurde es so erschwinglich, dass sich jedermann in der Kunst des Papierfaltens üben konnte. Kinder lernten von ihren Eltern die Reihenfolge der Kniffe. Diese wiederum hatten das Falten von ihren Eltern gelernt. Von Generation zu Generation wächst die Anzahl der Figuren und Formen. Inzwischen wird auch nicht mehr nur für Feste oder für religiöse Zwecke gefaltet, sondern v. a. zum Spaß. Papierfalten ist ein Zeitvertreib für Jung und Alt. Die Japaner falten leidenschaftlich gern und entwickeln immer neue kunstvolle Figuren. Sie sind es auch, die im 19. Jahrhundert den Begriff Origami für die Papierfaltkunst prägen. Origami setzt sich aus den Wörtern „oru" (falten) und „kami" (Papier) zusammen und bedeutet nichts anderes als Papier falten.

Zu den bekanntesten Figuren heute zählt der Kranich. Einer Legende nach bekommt derjenige einen Wunsch von den Göttern erfüllt, der es schafft, 1000 Kraniche zu falten. Als das japanische Mädchen Sadako Sasaki nach dem Atombombenabwurf über Hiroshima und Nagasaki infolge der Strahlung an Leukämie erkrankte, faltete sie Origami-Kraniche, um wieder gesund zu werden. Dieser Wunsch wurde ihr leider nicht erfüllt, doch seitdem sind die Papierkraniche in Japan das Symbol für Hoffnung und Frieden. Bis heute sind die Japaner wahre Meister im Falten von kunstvollen Figuren. Manche von ihnen sehen so lebensecht aus, dass man zweimal hinschauen muss, um zu erkennen, dass der Frosch nur aus Papier ist.

Auch in anderen Ländern erfreuten sich die Menschen an der Kunst des Papierfaltens. Über Ägypten und Mesopotamien erreichte die Faltkunst Europa. Im islamischen Raum entstanden v. a. geometrische Formen, da eine bildliche Darstellung von Menschen und Tieren aus religiösen Gründen verboten war. Im 19. Jahrhundert wurde das Falten von Papier Teil der kindlichen Erziehung. Verantwortlich dafür war der deutsche Pädagoge Friedrich Fröbel, der die Falttechniken mit in sein Erziehungsprogramm für den Kindergarten aufnahm. Der spielerische Umgang mit dem Papier sollte die Geschicklichkeit der Kinder fördern. Für diese Idee begeisterten sich auch die Japaner und machten aus diesem Grund Origami-Unterricht zum festen Unterrichtsbestandteil im Kindergarten.

Origami begeistert heute große und kleine Menschen auf der ganzen Welt. Immer neue Figuren werden erfunden, immer neue Techniken sorgen für verblüffend echte Ergebnisse. Wettbewerbe werden ausgetragen, Origami-Vereine und Gesellschaften gegründet, Formen mathematisch berechnet, sogar Computerprogramme gibt es inzwischen, die neue mögliche Figuren aus einer quadratischen Form errechnen sollen. Für jeden Geschmack und für jeden Schwierigkeitsgrad gibt es Faltanleitungen. Ganz klassisch in Buchform, aber auch als Video oder Download im Internet. Auch an bezahlbarem Papier zum Falten mangelt es heute nicht mehr. Die Auswahl ist groß und die Entscheidung für eine Sorte fällt nicht immer ganz leicht.

Origami-Papier: Papierarten und ihre Verwendung

Fast jedes Papier lässt sich zum Falten von Figuren und Objekten verwenden. Zu beachten ist nur, dass es leicht zu kniffen ist, sich nicht von alleine wieder auffaltet und nicht reißt. Spezielle Origami-Papiere erfüllen diese Bedingungen, doch auch viele andere Papiersorten lassen sich im Handumdrehen in kleine Kunstwerke verwandeln.

Origami-Papier bekommt man in gut sortierten Schreibwarengeschäften und -abteilungen. Auch größere Bastelläden führen inzwischen oft mehrere Sorten und Größen. Wird man dort nicht fündig, bietet der Internethandel eine Fülle an original japanischen Papieren mit traditionellen Mustern, Faltblätter in allen Stärken und Farben sowie Sets, um bestimmte Objekte, wie z. B. Blumen, zu falten.

Origami-Papier wird meistens in quadratischer Form angeboten. Die gängigsten Größen sind zehn mal zehn, 15 mal 15 und 20 mal 20 Zentimeter. Selbstverständlich lassen sich alle anderen Maße ebenso falten. Wie gut das funktioniert, hängt dabei von verschiedenen Faktoren ab. Anfängern fällt es meistens leichter, wenn das Papier etwas größer ist. Auch wenn viele Faltungen für eine Figur notwendig sind, sollte man ein großes Papierformat wählen. Braucht man für die endgültige Form dagegen nur ein paar wenige Kniffe, gelingt das auch den nicht so Geübten mit einem kleinen Blatt Papier.

Neben der Größe ist die Stärke des Papiers für den Falterfolg ausschlagge-
bend. Das Papiergewicht wird in Gramm pro Quadratmeter (g/qm) angege-
ben. Je höher die Grammzahl, desto steifer ist das Papier und umso schwerer
lässt es sich knicken. Komplizierte Figuren mit vielen Arbeitsschritten lassen
sich deshalb einfacher aus dünnerem Papier falten. Auch Anfänger kommen
besser mit den leichteren Faltblättern zurecht. 52 bis 80 Gramm Gewicht pro
Quadratmeter sind hier eine gute Wahl. Zum Vergleich: Normales Drucker-
papier hat ein Gewicht von 80 Gramm pro Quadratmeter, Tonpapier etwa
100 bis 160 Gramm pro Quadratmeter.

Das Angebot an Farben und Mustern ist riesig. Für welches man sich ent-
scheidet, hängt neben dem eigenen Geschmack auch vom späteren Verwen-
dungszweck bzw. der fertigen Figur ab. Zu den gängigsten Papieren gehören:

- einfarbiges Papier mit weißer Rückseite
- einfarbiges, durchgefärbtes Papier
- zweifarbiges Papier (z. B. dunkelblau-hellblau)
- beschichtetes Papier (Glanz- oder Metallicschicht)
- Papiere mit verschiedenen Dekoren: z. B. Farbverläufe,
  geometrische Figuren, Blumen- oder Fellmuster, Streifen

Neben den bereits fertig geschnittenen Origami-Papieren eignen sich auch
farbige Kopier-, Geschenk- und sogar Packpapiere zum Falten. Sie sind meistens wesentlich preisgünstiger, dafür müssen die einzelnen Blätter aber noch

in die quadratische Grundform geschnitten werden. Gerade bei Ge-
schenkpapieren gibt es eine her-
vorragende Auswahl an Farben
und Mustern. Rollenpapier ist häu-
fig etwas dünner als Bögen und
sollte nach dem Schneiden noch
eine Weile geglättet werden, damit
es schön plan ist. Der Zuschnitt
geht am schnellsten und genaues-
ten mit einer Schneidemaschine.
Ist keine zur Hand, nimmt man einen Cutter oder eine Schere.

Wichtig ist nur, dass die Form hinterher exakt quadratisch ist. Schon eine kleine Abweichung führt dazu, dass sich die Figur nicht richtig falten lässt.

In Bezug auf die richtige Papierauswahl geht Probieren über Studieren. Denn jedes Papier hat etwas andere Eigenschaften und verhält sich dadurch beim Falten ganz unterschiedlich. Bleibt die Figur in Form, hat sie einen guten Stand, hält die Beschichtung des Papiers auch mehrmaliges Hin- und Herfalten aus und lässt sie sich zum Schluss öffnen, ohne dass das Papier an den Kniffen reißt? Mit der Zeit wirst du herausfinden, mit welchem Papier du gut zurechtkommst und welche Sorte Faltblätter für bestimmte Formen gut geeignet sind.

Zusätzlich benötigtes Material

Traditionell kommt die japanische Faltkunst, das Origami, ohne Schere oder weitere Hilfsmittel aus. Jede noch so komplizierte Figur wird lediglich aus einem oder mehreren quadratischen Papieren gefaltet. Ist man nicht ganz so streng, darf das Blatt auch schon einmal eingeschnitten werden, um die gewünschte Form zu bekommen. So entstehen im Kapitel „Tiere" z. B. die Ohren der Fledermaus. Eine Schere ist aber auch nützlich, um eigene Faltblätter aus Geschenkpapier zu schneiden. Noch besser geht das mit einer Schneidemaschine oder einem Cutter. Eine gute Schneidemaschine ist zwar nicht gerade billig, die Anschaffung lohnt sich aber in jedem Fall, wenn man Spaß am Papierfalten gefunden hat und seine Blätter zum großen Teil selbst schneiden will. Eine Rolle schönes Geschenkpapier kostet nur den Bruchteil einer Packung fertiger Faltblätter, sodass man den Anschaffungspreis der Schneidemaschine in kurzer Zeit wieder raus hat.

Das Papier kann auch mit dem Cutter geschnitten werden. Dann empfiehlt sich jedoch zusätzlich die Anschaffung einer Schneidematte zum Unterlegen und eines Metalllineals. Es ist so stabil, dass das Messer dort nicht einschneiden kann wie in Plastik oder Holz. Die Schnitte werden dann exakter und das ist wichtig für ein schönes Faltergebnis.

Für manche Objekte wird zusätzlich Klebstoff benötigt, z. B. für das Blumenkörbchen. Wichtig ist dabei, dass der Kleber das Papier nicht aufweicht oder wellt. Ersatzweise kann man auch dünnes doppelseitiges Klebeband oder spezielle Klebepunkte für Fotos und Poster benutzen.

Ein Zahnstocher leistet gute Dienste, um Spitzen oder Ecken aufzufalten. Gerade bei sehr kleinen Objekten ist es manchmal etwas knifflig, die Spitzen schön zu formen. Mit dem Zahnstocher lässt sich in so einem Fall die Ecke von innen behutsam vollständig ausstülpen.

Wer seinen Tieren ein Gesicht geben möchte, benutzt am besten Klebepunkte. Diese gibt es in jedem Schreibwarengeschäft in verschiedenen Größen. Meistens reicht ein Durchmesser von acht Millimetern für die Augen aus. Ein guter Effekt lässt sich erzielen, indem man zwei Punkte leicht überlappend verklebt. Zuerst einen weißen und dann ein wenig versetzt darauf einen schwarzen Aufkleber. So wirken die Augen lebendiger. Alternativ dazu kann man die Pupille natürlich auch mit einem Filzer oder Kugelschreiber auf einen einzelnen Punkt aufmalen. Wer will, kann im Bastelladen auch Wackelaugen zum Aufkleben besorgen und sie anstelle der Klebeetiketten benutzen.

Grundregeln und wichtige Falttechniken

Damit dir das Falten möglichst viel Spaß macht und du mit dem Ergebnis deiner Arbeit zufrieden bist, solltest du ein paar Grundregeln beachten:

> ➤ Falte das Papier immer auf einer festen und glatten Unterlage, wie einem Tisch. So lassen sich die Kanten einfacher knicken und nachziehen.

> Verwende viel Sorgfalt auf die genaue Faltung von Spitzen und Ecken. Sind die Kniffe hier nicht exakt genug, sieht man das später besonders deutlich oder die Figur wird sogar schief.

> Ziehe die Kniffe mit dem Daumennagel scharf nach. Das ist besonders bei Figuren wichtig, bei denen das Papier zwischendurch gewendet wird.

> Selbst geschnittenes Papier muss 100-prozentig quadratisch sein. Ist es das nicht, lassen sich die Kniffe nicht korrekt ausführen. Es kann sogar passieren, dass sich die gewünschte Form damit nicht falten lässt.

> Lies dir die Anleitungen sorgfältig durch und schau dir die Bilder dazu an, bevor du mit dem Falten beginnst. Bereits kleine Abweichungen von der Beschreibung, wie eine andere Position des Papiers auf dem Tisch, können zu einem völlig anderen Ergebnis führen.

> Gelingt eine Figur nicht auf Anhieb, probierst du es einfach noch einmal. Es ist völlig normal, dass die ersten Übungen noch etwas zerknittert aussehen. Wer noch nicht so geübt ist, kann mit den leichten Objekten beginnen und sich dann bis zu den komplizierten Faltungen steigern. Mit jedem Blatt wirst du sicherer und besser werden. Viele Kniffe werden dir dann auch schon von früheren Figuren bekannt vorkommen.

Hast du schon ein paar Figuren gefaltet, wirst du bemerkt haben, dass einige Knicke immer wieder auftauchen. Das sind die sogenannten Grundfaltungen. Sie bestehen aus zwei oder drei immer gleichen Schritten, aus denen sich dann die unterschiedlichsten Formen falten lassen. Wenn du diese Grundformen erst einmal beherrschst, werden dir viele Modelle leicht fallen. Deshalb übst du sie am besten, bevor du dich an die kompletten Objekte machst.

Knick markieren

Um einen Knick zu markieren, wird das Papier gefaltet und gleich wieder auseinandergeklappt. Die dann sichtbare Faltlinie dient als Orientierung für die nächste Faltung.

Bergfalte

Faltest du die Seite eines Papiers nach hinten um (von dir weg), entsteht eine Bergfalte. Die stehende Form ähnelt einem Berg oder einem Dach.

Talfalte

Eine Talfalte bildet sich, wenn das Papier nach vorn (auf dich zu) gefaltet wird. Die Figur sieht dann aus wie ein Tal oder ein „V". Wenn man diese Form umdreht, sieht man wieder einen Berg. Um zu entscheiden, ob es sich um eine Berg- oder eine Talfalte handelt, kommt es immer auf den Standpunkt des Betrachters an. Bei den gezeigten Schritt-für-Schritt-Anleitungen sind deshalb auch immer die genaue Position des Papiers sowie seine Lage auf dem Tisch vor dem nächsten Faltschritt wichtig.

Umknicken

Faltet man mehrere Berg- und Talfalten hintereinander, spricht man auch von Umknicken. Das Grün der Karotte (ab S. 77) im Kapitel „Dekoration" ist auf diese Art entstanden.

Mützenfalte

Für eine Mützenfalte knickst du die Spitze des Papiers in Richtung der geschlossenen Seite um. Dann faltest du den Kniff wieder auf und drückst die Falte von außen nach innen. Die Papierspitze stülpt sich dadurch wie eine Mütze über den unteren Teil der Figur.

Diese Faltung erfordert wie auch die Tütenfalte etwas Übung. Sie gelingt leichter, wenn die Falten sehr scharf nachgezogen sind.

Tütenfalte

Bei der Tütenfalte wird die Spitze des Papiers zur offenen Papierseite hin gefaltet. Die Kanten scharf nachziehen. Danach wird die Faltung wieder geöffnet und an der Faltlinie mit dem Finger nach innen gedrückt. Die Papierspitze liegt anschließend innerhalb der Figur. Vom Aussehen her erinnert sie an eine Rinne oder den Ausgießer einer Milch- oder Safttüte.

Zusammengeschobene Falte

Falte die linke Kante auf die rechte. Markiere die Mittellinie mit einem kleinen Kniff. Klappe die untere Kante auf die Mitte. Fahre mit dem Finger von rechts in die obere Papiertasche und öffne sie. Dabei entsteht ein Dreieck. Richte seine Mittellinie auf die untere Kante aus und streiche die Form glatt.

Los geht's – Praxisteil

TIERE

Hund

Material:

- zweifarbiges Origami-Papier (15 cm x 15 cm)
- Wackelaugen
- Klebstoff

Schwierigkeitsgrad:

leicht

1. Falte das Papier diagonal von Ecke zu Ecke. Die Spitze zeigt nach unten.

2. Halbiere das Blatt, indem du die rechte Spitze nach links faltest. Das Papier wieder öffnen. Die Mitte ist nun markiert.

3. Ausgehend von der Mittellinie klappst du die rechte Ecke schräg nach unten um. Wiederhole die Faltung auf der linken Seite. Fertig sind die Hundeohren.

4. Wende das Papier. Die obere Spitze wird mit einer Bergfalte (s. S. 16) nach unten geknifft.

5. Drehe die Figur wieder um. Die obere Papierlage von der unteren Spitze talfalten (s. S. 16). Ein kleines Stück davon mit einer Bergfalte wieder zurückklappen. Die untere Papierlage faltest du zum Schluss in die Figur hinein und klebst die Augen auf.

Maus

Material:

- zweifarbiges Origami-Papier (15 cm x 15 cm)
- schwarze und weiße Klebepunkte
- brauner Pfeifenreiniger
- Klebstoff

Schwierigkeitsgrad:

leicht

Und so geht's:

1. Falte die obere auf die untere Kante und öffne das Papier wieder.

2. Die Ober- und die Unterkante des Papiers werden anschließend zur Mittellinie geknifft.

3. Klappe die Figur an der Mittellinie nach hinten um. Die offene Seite liegt unten.

4. Falte die rechte Ecke der oberen Papierlage auf die untere Kante. Mit links wiederholen.

5. Beide Ecken werden wieder aufgefaltet. Die Figur wenden. Auch dort die Ecken auf die untere Kante knicken und wieder öffnen.

6. Die letzte Faltung wird leicht geöffnet. Mit dem Finger drückst du die rechte obere Ecke wie bei der Tütenfalte (s. S. 17) nach innen ein. Das Papier stülpt sich dann entlang der vorher gezogenen Faltlinie ebenfalls nach innen. Die anderen drei Seiten werden genauso nach innen geknickt.

7. Falte die obere Papierlage auf der linken Seite gerade nach rechts um. Wende die Figur und wiederhole den Schritt auf der anderen Seite der Maus.

8. Für die Ohren werden die Spitzen des Dreiecks am Kopf auf beiden Seiten nach oben gefaltet. Zum Schluss klebst du aus weißen und schwarzen Kreisen die Augen und das Näschen auf. Ein Stück Pfeifenreiniger wird zum Mäuseschwanz.

Wal

Material:

- Origami-Papier
  (15 cm x 15 cm) mit
  Farbverlauf
- schwarze und weiße
  Klebepunkte

Schwierigkeitsgrad:

leicht

Und so geht's:

1. Falte das Papier diagonal von Ecke zu
Ecke und öffne es wieder.

2. Klappe die rechte obere Kante genau
auf die Mittellinie. Auch die untere
rechte Kante wird bis an den Mittelkniff gefaltet.

3. Die linke Spitze wird nach rechts bis an den Mittelpunkt der zuvor geklappten Seiten geführt.

4. Als Nächstes faltest du die beiden Hälften entlang der Mittellinie aufeinander. Die offene Seite liegt unten.

5. Für den Walschwanz wird die rechte Spitze gerade nach oben umgebogen. Den Kniff wieder leicht auffalten, die obere Ecke nach innen eindrücken und die Schwanzflosse dadurch wenden. Mit weißen und schwarzen Klebepunkten werden zuletzt die Augen markiert.

Fledermaus

Material:

- zweifarbiges Origami-
  Papier (20 cm x 20 cm)
- rote Klebepunkte
- schwarzer Filzstift
- Schere

Schwierigkeitsgrad:

mittel

Und so geht's:

1. Markiere die Mittellinie des Papiers. Dazu faltest du die obere auf die untere Kante und die linke auf die rechte. Wieder auffalten.

2. Das Papier wenden und die Ecken in beiden Richtungen aufeinanderknicken. Wieder auffalten. Acht Dreiecke sind sichtbar.

3. Die obere Kante wird auf die untere gelegt. Anschließend stülpst du mit der zusammengeschobenen Falte (s. S. 17) sowohl das rechte als auch das linke Dreieck nach innen.

4. Das neu entstandene Dreieck hat zwei Lagen. Klappe die rechte äußere Kante der oberen Lage auf die Mittellinie.

5. Die Figur wird gewendet. Falte dann die linke Seite wie im Schritt vorher ebenfalls zur Mitte.

6. Klappe die obere Lage der linken Seite nach rechts um. Schneide mit der Schere in das obere Viertel der beiden Flügel eine Zacke.

7. Wende die Figur und falte den oberen Flügel nach rechts auf.

8. Die Fledermaus noch einmal wenden. Nun wird die Spitze des oberen Drei-ecks nach unten geklappt. Das ist der Fledermauskopf. Die geschnittenen Zacken werden ihre Ohren. Augen aufkleben, bemalen, fertig!

Schwan

Material:

- zweifarbiges Origami-
  Papier (15 cm x 15 cm)

Schwierigkeitsgrad:

mittel

Und so geht's:

1. Falte das Papier diagonal von Ecke zu Ecke. Wieder öffnen. Führe die rechte Kante bis auf die Mittellinie. Wiederhole den Schritt mit der linken Kante.

2. Wende die Figur und falte auch hier die rechte und die linke Kante genau auf die Mittellinie.

3. Die obere Spitze wird nun auf die untere Ecke geklappt. Die Kanten scharf nachziehen.

4. Die eben heruntergeklappte Spitze faltest du wieder ein kleines Stück nach oben. Die Mittellinien müssen dabei exakt übereinanderliegen.

5. Entlang der Mittellinie wird die Figur nach hinten gefaltet. Wenn die offene Seite der Figur nach unten zeigt, wird der Hals des Schwans nach links gezogen und aufgerichtet. Auch der Kopf wird zum Schluss ein Stück nach vorne gezogen.

Schwein

Material:

- zweifarbiges Origami-Papier (20 cm x 20 cm)
- schwarze und weiße Klebepunkte
- rosa Papier
- schwarzer Filzstift
- Schere
- Klebstoff

Schwierigkeitsgrad:

mittel

Und so geht's:

1. Falte die obere auf die untere Kante und öffne das Papier wieder.

2. Dann wird sowohl die Oberkante als auch die Unterkante zur Mittellinie geknifft.

3. Alle vier Ecken werden zur Mittellinie gefaltet. Zieh die Kniffe scharf nach und falte sie wieder auf.

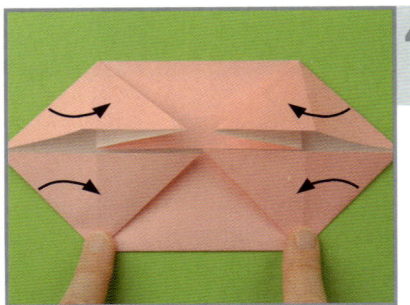

4. Halte die Figur mit der linken Hand fest. Mit dem rechten Zeigefinger greifst du in die Spitze des rechten unteren Dreiecks und öffnest es, indem du es zur Mitte hin aufziehst (s. „Zusammengeschobene Falte", S. 17). Ziehe die Linien nach. Alle anderen Ecken werden genauso geöffnet.

5. Klappe die Figur an der Mittellinie nach hinten um. Die offene Seite liegt unten.

6. Knicke die rechte Seite des linken Dreiecks zur Mitte hin um. Scharf nachfalten und auf der rechten Seite wiederholen. Die Figur wenden und den Schritt wiederholen.

7. Falte die rechte Ecke zum Schwanz nach oben. Für die Schnauze knickst du die linke Ecke ein kleines Stück nach hinten und wieder nach vorn. Dann wird die Spitze nach innen eingeschlagen.

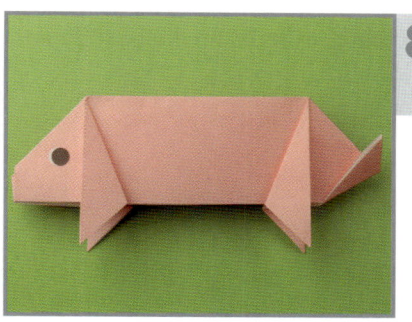

8. Für die Augen wird zuerst ein weißer Klebepunkt befestigt. Leicht versetzt klebt ein schwarzer Punkt darüber. Schneide aus rosa Papier einen kleinen Kreis, male zwei Punkte darauf und klebe ihn auf die Schnauze.

Truthahn

Material:
- zweifarbiges Origami-Papier (15 cm x 15 cm)

Schwierigkeitsgrad:

mittel

Und so geht's:

1. Falte das Papier diagonal von Ecke zu Ecke. Klappe anschließend die linke auf die rechte Seite und öffne das Papier wieder. Die Mitte ist jetzt markiert.

2. Die rechte Außenkante klappst du auf die Mittelmarkierung.

3. Auch die linke Kante wird auf die Mittellinie gefaltet.

4. Schlage die linke Seite nach rechts um. Die Figur wird dadurch halbiert.

5. Mit einer Bergfalte (s. S. 16) führst du die obere Spitze schräg nach links unten. Sie bildet den Hals und Kopf des Truthahns.

6. Ziehe die letzte Faltung scharf nach. Wieder öffnen und zur geschlossenen Papierseite hin eine Mützenfalte (s. S. 17) formen. Der Körper liegt jetzt innerhalb des Halses. Wende das Papier und drehe es um 90 Grad nach links.

7. Für den Hals kniffst du die obere Spitze nach links.

8. Auch hier wird die Falte wieder geöffnet und in eine Mützenfalte gewendet. Zuletzt klappst du die Spitze am Kopf gerade nach unten ab und bildest so den Schnabel des Truthahns.

SPIELZEUG

Flugzeug

Material:
- zweifarbiges Origami-
  Papier (15 cm x 15 cm)

Schwierigkeitsgrad:
leicht

Und so geht's:

1. Falte das Papier Kante auf Kante. Wieder auffalten. Die rechten Ecken werden dann auf den Mittelkniff gefaltet.

2. Die untere Ecke klappst du noch einmal bis auf die Mittellinie. Den Kniff scharf nachziehen.

3. Wiederhole die letzte Faltung mit der oberen rechten Ecke. Für die stumpfe Flugzeugnase faltest du die rechts liegende Spitze des Fliegers ein Stückchen nach links auf den Mittelkniff.

4. Dann klappst du das Papier in der Mitte nach hinten um und halbierst dadurch die Figur.

5. Falte die obere Papierlage so nach oben, dass die Kanten genau aufeinanderliegen. Wende das Flugzeug und wiederhole den Kniff auch auf der anderen Seite. Jetzt ist dein Papierflieger startbereit.

Himmel und Hölle

Material:
- gemustertes Origami-Papier (20 cm x 20 cm)

Schwierigkeitsgrad:
leicht

Und so geht's:

1. Falte den Bogen Ecke auf Ecke. Wieder öffnen und die anderen Ecken aufeinanderknicken, um ein Kreuz zu markieren. Die untere Spitze wird danach zur Mitte geklappt.

2. Die drei übrigen Spitzen werden ebenfalls zur Mitte hin umgeschlagen. Ein kleines Quadrat entsteht.

3. Wende das Papier. Dann faltest du auch auf dieser Seite alle Spitzen auf die Mitte.

4. Knicke den oberen Teil der Figur an der Mittellinie nach hinten um. Das Papier ist jetzt rechteckig, die offene Seite zeigt nach unten.

5. Auf der Vorder- und der Rückseite befinden sich nun jeweils zwei Klappen. Schiebe unter jede von ihnen vorsichtig einen Finger. Dann lässt sich die Figur öffnen und bewegen.

Hüpfender Frosch

Material:

- einfarbiges Origami-Papier (20 cm x 20 cm)
- schwarze Klebepunkte
- weißer Filzstift

Schwierigkeitsgrad:

leicht

Und so geht's:

1. Falte das Papier Kante auf Kante. Wieder auffalten. Drehe es um 90 Grad und halbiere es noch einmal. Das markierte Kreuz dient nun zur Orientierung für die weiteren Knicke. Klappe alle vier Ecken mit der Spitze auf den Kreuzungspunkt.

2. Drehe das Papier mit der Spitze nach unten. Falte anschließend die untere Ecke auf die obere.

3. Falte sowohl die linke als auch die rechte Ecke auf die Mittellinie. Wieder auffalten. Zwei neue Markierungslinien verlaufen nun parallel zur Mitte. Knicke die rechte Ecke mit der Spitze bis auf die neu entstandene Linie auf der linken Seite.

4. Schlage diese Spitze von links so nach oben um, dass sich zwei deckungsgleiche Dreiecke auf der rechten Seite ergeben.

5. Klappe die linke Seite über die rechte. Der linke Kniff liegt dabei genau auf der Mittelmarkierung.

6. Falte die rechte Ecke nun nach oben um. Das Dreieck wird durch diese Faltung halbiert. Damit sind die Froschfüße fertig.

7. Schlage die untere Kante so weit nach oben um, bis sie mit den beiden Spitzen abschließt. Drücke die Faltung so fest wie möglich an.

8. Mit einer Bergfalte (s. S. 16) kniffst du die letzte Faltung wieder in die Gegenrichtung. Kante liegt auf Kante. Scharf nachziehen. Drehe die Figur um und klebe die Augen auf. Mit dem Filzstift kannst du das Weiße der Augen aufmalen. Wenn du dem Frosch auf den Rücken drückst, hüpft er los. Er kann sogar Saltos schlagen.

Kreisel

Und so geht's:

1. Teile das Papier in drei gleiche Abschnitte und markiere sie anschließend mit Faltlinien. Wieder öffnen.

2. Klappe das obere und das untere Drittel des Bogens über die Mitte. Das Papier ist jetzt dreilagig.

3. Falte die linke obere Ecke auf die untere Kante. Die rechte untere Ecke knickst du auf die obere Kante. Die Figur sieht wie ein Flügel aus. Wiederhole die Schritte eins bis drei mit dem zweiten Bogen Papier, sodass du zwei identische Formen hast.

4. Lege das zweite Papier in die quadratische Aussparung des ersten Blattes. Die Figuren liegen so aufeinander, dass sie wie ein Windrad aussehen.

5. Schlage die rechte Spitze nach links über den senkrecht liegenden Flügel. Die Faltung fest andrücken.

6. Die obere Spitze wird senkrecht nach unten geklappt.

7. Auch die linke Spitze wird fest über die Mitte gefaltet.

8. Zum Schluss faltest du die untere Ecke nach oben und steckst die Spitze unter die rechte Lasche. Drücke das entstandene Päckchen schön flach. Stich einen Zahnstocher genau in der Mitte durch die Papierlagen, dann läuft der Kreisel schön rund.

Ballon

Material:

- zweifarbiges Origami-
  Papier (15 cm x 15 cm)

Schwierigkeitsgrad:

schwer

Und so geht's:

1. Falte den Bogen Kante auf Kante. Die offene Seite zeigt nach oben.

2. Halbiere das Papier ein weiteres Mal, indem du die linke Kante auf die rechte klappst.

3. Greife mit den Fingern in die obere Papierlasche und ziehe sie vorsichtig nach rechts auf. Aus der quadratischen Form wird ein Dreieck. Flach andrücken. Das Ganze wenden und auch auf der Rückseite das Quadrat zum Dreieck aufziehen. Dazu die rechte untere Ecke nach links zur Mitte falten.

4. Anschließend die beiden oberen Spitzen auf die untere Ecke knicken. Die Faltung auf der Rückseite wiederholen.

5. Die rechte und linke Ecke der oberen Papierlage zur Mitte umschlagen.

6. Das Papier wenden. Auch hier werden die rechte und die linke Spitze zur Mittellinie gefaltet.

7. Die Figur so drehen, dass die zu öffnenden Spitzen oben liegen. Die rechte Spitze in das Innere des rechten Dreiecks fädeln, links ebenso. Die Figur wenden und die Spitzen auf die gleiche Art einschlagen.

8. Die Figur in die Hand nehmen. Auf der unteren Längsseite befindet sich jetzt eine kleine Öffnung. Wenn du dort kräftig hineinbläst, entfaltet sich der Ballon.

SCHIFFE

Einfaches Schiff

Material:

- zweifarbiges Origami-Papier (15 cm x 15 cm)

Schwierigkeitsgrad:

leicht

Und so geht's:

1. Falte das quadratische Papier zu einem Dreieck, indem du die linke Ecke nach rechts klappst.

2. Die untere Spitze des Dreiecks faltest du schräg nach oben. Ein drei bis vier Zentimeter breiter Rumpf entsteht. Ziehe die untere Kante scharf nach. Die Faltung wird wieder leicht geöffnet. Um den Bootsrumpf zu wenden, drückst du die Spitze mit dem Zeigefinger sacht von außen nach innen.

Jacht

Und so geht's:

1. Falte das Papier von Ecke zu Ecke und öffne es wieder. Die Mittellinie ist nun markiert.

2. Führe die linke Ecke des Dreiecks zur Mitte. Die Kante kommt genau auf der Mittelmarkierung zu liegen. Wiederhole die Faltung auf der rechten Seite.

3. Die rechte Papierhälfte wird auf die linke Seite geklappt. Die Kante scharf nachziehen.

4. Ausgehend von der linken Dreiecksspitze wird eine Falte nach rechts oben geknifft. Dadurch bildet sich ein dreieckiger Bootsrumpf, der schräg nach oben verläuft.

5. Öffne das Papier wieder. Drücke den unteren Kniff in entgegengesetzte Richtung und wende so den Bootsrumpf. Jetzt liegt der Rumpf außen und das Segel innerhalb der Jacht.

Katamaran

Material:
- zweifarbiges, durchge-
  färbtes Origami-Papier
  (15 cm x 15 cm)

Schwierigkeitsgrad:

mittel

Und so geht's:

1. Markiere die Mittellinie des Papiers.
Dazu faltest du die obere auf die untere
Kante und die linke Seite auf die rechte.
Wieder auffalten.

2. Alle vier Ecken werden nun zur Mitte
hin eingeschlagen. Ein neues, kleine-
res Quadrat entsteht.

3. Wende das Papier. Die Spitze des Qua-
drats zeigt dabei nach unten. Falte nun
die obere und die untere Spitze zur
Mittellinie.

4. Falte die linke Ecke auf die rechte und
drehe die Figur mit der Spitze nach
unten.

5. Greife mit den Fingern in die oberen
Falten und ziehe das Papier von der
Mitte nach außen. Der erste Boots-
rumpf öffnet sich. Drücke die neue
Kante leicht an und wende die Figur.
Klappe den zweiten Rumpf aus.

Stolzes Schiff

Material:

- zweifarbiges Origami-
  Papier (15 cm x 15 cm)

Schwierigkeitsgrad:

mittel

Und so geht's:

1. Das Papier zeigt mit der Spitze nach unten. Falte die untere Ecke auf die obere und klappe das Papier wieder auf. Die linke Seite faltest du nach rechts. Wieder auffalten. Klappe die obere Spitze so nach unten, dass sie auf dem Kreuzungspunkt liegt.

2. Das eben heruntergefaltete Dreieck klappst du mit einer neuen Falte wieder nach oben. Sie setzt ungefähr einen Zentimeter unterhalb der Kante an und verläuft parallel zur Mittellinie.

3. Die Spitze des oberen Dreiecks faltest du nun erneut nach unten. Und zwar so weit, dass sie sich auf Höhe des dahinterliegenden Knicks befindet.

4. Das Papier wird nun von links nach rechts in der Mitte zusammengefaltet. Alle Ränder liegen genau übereinander.

5. Die untere rechte Seite faltest du in einer Breite von ca. drei Zentimetern nach oben. Es entsteht ein Bootsrumpf. Er wird für die endgültige Figur gewendet. Dazu öffnest du die letzte Faltung wieder leicht und drückst die Spitze der Falte vorsichtig nach innen, bis sie nach hinten umklappt.

Becher

Material:

- zweifarbiges Origami-
  Papier (20 cm x 20 cm)

Schwierigkeitsgrad:

leicht

Und so geht's:

1. Falte das Papier von Ecke zu Ecke. Lege das Dreieck mit der Spitze nach oben auf den Tisch.

2. Führe die rechte untere Spitze an die linke Außenkante, sodass die obere Kante waagerecht verläuft.

3. Von der oberen Lage Papier führst du die Spitze scharf über die Kante nach unten.

4. Wende die Figur. Klappe wie zuvor auf der anderen Seite auch hier die rechte Spitze waagerecht nach links bis an den Rand der Außenkante.

5. Dann faltest du die obere Spitze nach unten. Alle Linien noch einmal scharf nachziehen. Der Becher lässt sich nun mit den Fingern leicht auseinander-schieben.

Malerhut

Material:

- rechteckiges DIN-A2-
  Papier (Zeitungspapier
  oder buntes Papier)

Schwierigkeitsgrad:

leicht

Und so geht's:

1. Falte das Papier im Querformat aufeinander. Um 90 Grad drehen, die offene Seite liegt unten. Klappe die linke
Kante auf die rechte, um die Mitte zu
markieren. Wieder auffalten. Die beiden oberen Ecken kniffst du anschließend auf die Mittellinie.

2. Den unteren Papierstreifen faltest du
über die Kante gerade nach oben. Die
rechts und links überstehenden kleinen
Dreiecke werden nach hinten geklappt.
Das Papier wenden und die Faltung
wiederholen.

3. Fasse mit der Hand in die untere Tasche und öffne das Papier. Ziehe die vordere Kante so weit vor, bis du die Figur zu einem Quadrat umfalten kannst. Flach andrücken.

4. Knicke die untere Ecke nach oben um. Den gleichen Kniff machst du auf der Rückseite des Papiers.

5. Greife von unten in die Tasche und ziehe die Figur ebenso wie in Schritt drei auseinander. Fahre die neuen Linien noch einmal nach. Der Malerhut lässt sich nun an der linken und rechten Ecke nach außen aufklappen.

Fächer

Material:
- ein Bogen DIN-A4-Papier, zweifarbig

Schwierigkeitsgrad:
leicht

Und so geht's:

1. Teile das Papier in drei gleich breite Streifen. Falte ein Drittel in einer Bergfalte (s. S. 16) um. Markiere die Mitte, indem du die rechte Kante auf die linke klappst. Wieder öffnen.

2. Falte sowohl die rechte als auch die linke Kante auf die Mittellinie.

3. Wieder faltest du die beiden Kanten zur Mitte.

4. Klappe die Seiten noch einmal auf die Mittellinie.

5. Falte das Papier wieder auf. Jetzt hast du auf deinem Bogen wunderbar gleichmäßige Markierungen.

6. Falte das Papier abwechselnd mit Berg- und Talfalten (s. S. 16) von den Außenseiten her wieder zur Mitte zusammen. Die zuvor angelegten Markierungen dienen dir als Orientierung für die Kniffe.

7. Knicke das untere Drittel der Figur in einer Talfalte nach oben um. Die Kante scharf nachziehen.

8. Das eben umgeknickte Stück wird wieder gedrittelt. Zwei Drittel faltest du mit einer Bergfalte (s. S. 16) wieder zurück nach unten. Öffne den Fächer, indem du die beiden Hälften von der Mitte aus nach hinten umklappst.

Serviettenring

Material:

- Origami-Papier
  (20 cm x 20 cm) in zwei
  verschiedenen Farben
- Schere
- Klebstoff

Schwierigkeitsgrad:

leicht

Und so geht's:

1. Schneide das Papier in gleichmäßige Streifen von ungefähr zwei Zentimetern Breite. Für einen Serviettenring brauchst du von jeder Farbe vier Streifen. Nimm von jeder Sorte einen und lege sie im rechten Winkel aufeinander.

2. Falte den unteren Streifen über den oberen. Wenn du zweifarbiges Papier benutzt, siehst du dann die Rückseite des Papiers.

3. Klappe den rechten, waagerechten Streifen nach links um.

4. Falte immer abwechselnd den vertikalen und den horizontalen Streifen übereinander. Es entsteht eine Art Treppe.

5. Ist der erste Streifen fast vollständig gefaltet, klebst du ein neues Papierband in der jeweils anderen Farbe auf das alte. Dann faltest du wie gewohnt weiter, bis dein Ring die gewünschte Länge hat. Zum Schluss verbindest du die gleichfarbigen Streifen von Anfang und Ende mit einem Tropfen Kleber.

Stehende Schachtel

Material:

- gemustertes Origami-
  Papier (15 cm x 15 cm)

Schwierigkeitsgrad:

schwer

Und so geht's:

1. Markiere auf deinem Papier einen Stern. Dazu faltest du es einmal horizontal und einmal vertikal zur Hälfte. Wieder auffalten. Für die diagonalen Markierungen klappst du zusätzlich die Ecken aufeinander. Öffne das Papier wieder.

2. Lege Ecke auf Ecke zum Dreieck. Die Spitze zeigt nach unten. Drücke nun die rechte Ecke nach innen, bis sie umklappt, und ziehe die Kanten mit dem Finger nach.

3. Auch die linke Seite faltest du nach innen. Aus dem Dreieck ist ein zwei-lagiges Quadrat geworden. Lege die Figur so vor dich hin, dass die offene Spitze oben liegt.

4. Klappe von der vorderen Papierlage die rechte und die linke Ecke auf die horizontale Mittellinie deiner Figur.

5. Die unteren Spitzen dieser neuen Dreiecke faltest du mit einer Talfalte (s. S. 16) nach oben. Die untere Kante liegt dann bündig auf der Außenkante des Dreiecks. Wieder öffnen.

6. Greife in die oberen Laschen und ziehe die Dreiecke nach rechts und links heraus. Es entsteht auf jeder Seite eine Raute. Die neuen Linien glatt streichen.

7. Wende die Figur und wiederhole die Schritte vier bis sechs auch auf dieser Seite des Papiers.

8. Falte den oberen rechten Flügel über die Mitte auf die linke Seite. Drehe das Papier um und schlage auch hier die rechte Klappe nach links um.

9. Kniffe die rechte obere Papierlage auf die Mittellinie. Auf der linken Seite machst du es genauso.

10. Wende die Figur und wiederhole dort die letzte Faltung.

11. Falte die untere Spitze nach oben um. Der Kniff befindet sich dabei auf Höhe der unteren Dreieckspitzen. Die Kante scharf nachziehen und die Faltung wieder öffnen.

12. Knicke die obere Spitze mit einer Bergfalte (s. S. 16) nach unten um.

13. Drehe das Papier um und falte auch hier die Spitze nach unten.

14. Greife das Papier an den eben heruntergefalteten Spitzen. Ziehe sie vorsichtig in entgegengesetzter Richtung auseinander, um die Schachtel zu öffnen. Zum Schluss biegst du die beiden anderen Spitzen ebenfalls nach außen um.

DEKORATION

Karotte

Material:

- einfarbiges Origami-Papier in Orange und Grün (15 cm x 15 cm)
- Klebstoff

Schwierigkeitsgrad:

leicht

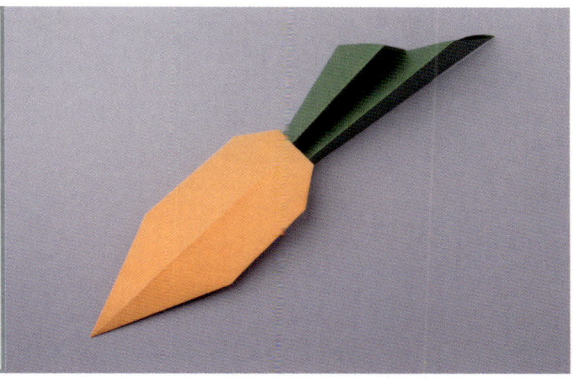

Und so geht's:

1. Falte für das Karottengrün die obere Ecke des Papiers auf die untere.

2. Klappe die obere Kante von der linken Ecke aus schräg nach unten. Die Falte scharf nachziehen.

3. Der untere Teil des Dreiecks wird in einer Talfalte nach hinten weggeklappt. Sie wird mit einer Bergfalte (s. S. 16) noch einmal nach unten umgeknickt. Das Karottengrün ist fertig.

4. Für die Karotte faltest du einen weiteren Bogen Ecke auf Ecke. Wieder auffalten.

5. Die rechte untere Seite wird zur Mitte hin eingeschlagen. Auch die linke Seite wird bis an die Mittellinie geführt.

6. Falte nun das obere Dreieck nach unten. Die Spitze zeigt auf die Mittellinie.

7. Die rechte und die linke Ecke werden so umgeschlagen, dass ihre Spitzen ebenfalls zur Mitte weisen.

8. Zum Schluss klappst du die seitlichen Ecken nach innen. Die Spitzen dieser neuen Dreiecke liegen auf Höhe der unteren Kanten der letzten Faltung. Klebe das Karottengrün mittig fest und drehe die Figur.

Tanne

Material:

- Origami-Papier
  (15 cm x 15 cm) in
  Hellgrün, Dunkelgrün
  und Braun
- Klebstoff

Schwierigkeitsgrad:

leicht

Und so geht's:

1. Falte die linke Kante des Papiers auf die rechte. Öffne die Faltung wieder. Die Mittellinie ist nun markiert.

2. Kniffe sowohl die linke als auch die rechte obere Ecke auf die markierte Mitte.

3. Jetzt wird die untere Kante horizontal umgeschlagen und bis an die oberen Dreiecke gefaltet.

4. Knicke die linke Kante in einer Talfalte (s. S. 16) zur Mitte. Wiederhole den Schritt mit der rechten Kante. Biege die Figur leicht auf. Fertig ist die erste Krone. Falte in einer anderen Farbe eine zweite Krone. Folge dazu den Schritten eins bis vier.

5. Für den Stamm faltest du das quadratische Papier einmal in der Mitte. Wieder auffalten.

6. Die Oberkante und die Unterkante des Blattes klappst du auf die Mittellinie.

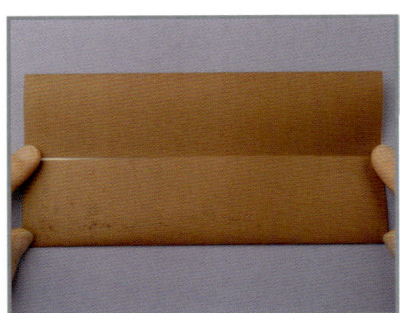

7. Halbiere das Papier noch einmal, indem du die obere und die untere Kante ein weiteres Mal zur Mitte knickst.

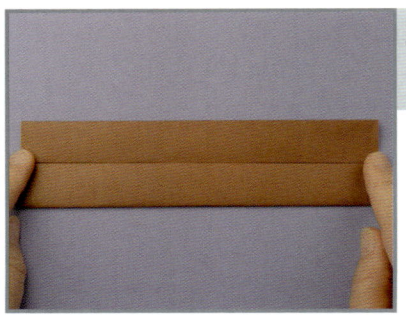

8. Es entsteht ein schmaler Papierstreifen. Klappe ihn ein letztes Mal zusammen und drehe ihn dann um 90 Grad. Damit der Stamm gut stehen kann, öffnest du die Faltungen leicht und schiebst die Kanten ineinander. Schiebe die Kronen ineinander und setze sie auf den Stamm. Bei Bedarf festkleben.

Blumenkörbchen

Material:

- gemustertes Origami-Papier (20 cm x 20 cm)
- Klebstoff

Schwierigkeitsgrad:

mittel

Und so geht's:

1. Falte das Papier von Ecke zu Ecke. Halbiere das Blatt mit einer weiteren Ecke-zu-Ecke-Faltung.

2. Öffne die obere Klappe und ziehe sie nach links heraus, bis ein Quadrat entsteht. Die Kanten scharf nachfalten.

3. Drehe die Figur um und wiederhole die Faltung. Ziehe dazu die linke untere Spitze auf die rechte. Das zweite Quadrat ist fertig.

4. Drehe das Papier mit der Spitze nach unten. Dann öffnest du die obere Papierlage und klappst die untere Ecke auf die obere. Wieder zurückfalten.

5. Kniffe die untere Ecke auf die zuvor markierte Mittellinie.

6. Klappe das untere Dreieck über die Mittelmarkierung nach oben um. Drehe die Figur um. Wiederhole die Schritte vier bis sechs auch auf dieser Seite.

7. Die oberste Papierlage wird nun von der linken Ecke aus nach rechts umgeklappt. Die Figur wenden und auch hier die linke Seite nach rechts umblättern. So entsteht wieder eine quadratische Form.

8. Drehe die offene Seite der Figur nach rechts oben. Falte nun die obere Papierlage von der linken oberen Ecke auf den diagonalen Kniff. Anschließend wiederholst du die Faltung mit der Ecke unten rechts.

9. Öffne die letzte Faltung wieder. Dein Papier hat nun insgesamt drei Markierungslinien. Falte die linke Ecke oben und die rechte Ecke unten so um, dass ihre Spitzen am Kreuzungspunkt der äußeren Diagonalen liegen. Auf der Rückseite wiederholen.

10. Die Flügel werden anschließend auf beiden Seiten der Figur wieder zurück auf die Mittellinie gefaltet. Die obere Klappe zur Mitte falten.

11. Halte die Figur mit der rechten Hand auf dem letzten Kniff fest. Öffne sie zwischen den Spitzen und ziehe das Körbchen vorsichtig auseinander. Zum Schluss die Enden mit etwas Klebstoff verbinden.

Stern

Material:

- zweifarbiges Origami-Papier (20 cm x 20 cm)

Schwierigkeitsgrad:

schwer

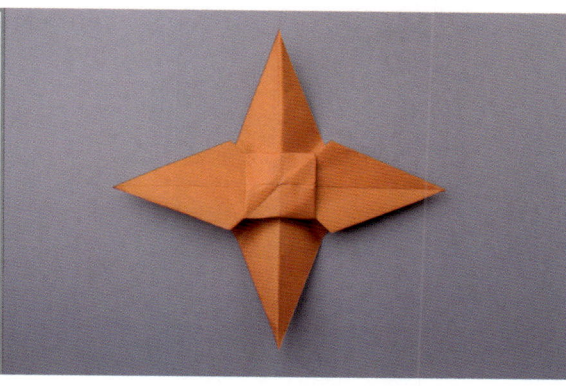

Und so geht's:

1. Lege das Papier mit der farbigen Seite nach oben und falte die Ecken diagonal aufeinander. Es entsteht ein Kreuz. Das Papier wenden. Die Kanten von oben nach unten und von links nach rechts klappen, bis acht Dreiecke markiert sind.

2. Drehe das Papier auf die Spitze und schlage die obere Ecke nach unten um.

3. Öffne die letzte Faltung ein wenig und klappe die rechte Spitze nach innen. Die linke Seite wird auf die gleiche Art einwärts gestülpt. Die Figur ist nun quadratisch.

4. Die rechte Ecke der oberen Papierlage wird genauso wie die linke Ecke auf die Mittellinie gefaltet. Beide Seiten wieder auffalten.

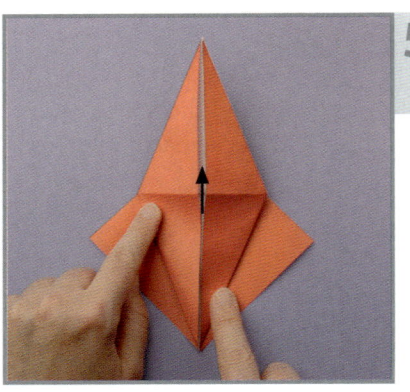

5. Schiebe den linken Finger zwischen die beiden Papierlagen der unteren Spitze. Ziehe die obere Lage mit der rechten Hand nach oben. So weit, dass sie über die obere Kante hinaus gefaltet wird. Hilf etwas nach, indem du auf der Rückseite der Spitze im oberen Drittel eine waagerechte Falte kniffst. Die Kanten glatt streichen.

6. Das Papier wenden. Falte wie in Schritt vier die Ecken zur Mittellinie und öffne die Knicke wieder. Schlage anschließend die untere Spitze wie in Schritt fünf nach oben um.

7. Schlage den oberen linken Flügel wie in einem Buch nach rechts um. Die Figur wenden und auch hier die linke Seite nach rechts umklappen.

8. Die untere Spitze wird nach oben gefaltet.

9. Das Papier umdrehen. Die untere Spitze ebenfalls nach oben kippen.

10. Von der oberen Papierlage faltest du die rechte untere Ecke auf die Mittellinie. Wiederhole den Vorgang mit der linken unteren Ecke.

11. Die Figur umdrehen und Schritt zehn wiederholen. Um den Stern aufzufalten, wird die Figur in die Hand genommen. Mit Daumen und Zeigefinger greifst du von oben jeweils einen äußeren Flügel. Ziehe sie vorsichtig auseinander, bis die Mitte flach und der Stern ausgefaltet ist.

Vogelvase

Material:

- Origami-Papier
  (20 cm x 20 cm)

Schwierigkeitsgrad:

schwer

Und so geht's:

1. Falte das Papier von Ecke zu Ecke. Wieder auffalten. Knicke die obere und die untere Ecke auf die Mittellinie.

2. Klappe deine Figur an der Mittellinie mit einer Talfalte (s. S. 16) aufeinander.

3. Die untere Spitze wird anschließend nach oben gefaltet und gleich wieder entfaltet. Öffne die Tüte ein bisschen und drücke die Figur am Mittelkniff vorsichtig ein, bis sie umklappt. Der Vogelhals liegt danach innen.

4. Falte die obere Spitze nach links unten. Das wird der Kopf des Vogels.

5. Falte den letzten Kniff wieder auf. Öffne die Faltung leicht und drücke an der rechten Seite von außen gegen den Kniffpunkt. Dadurch wird der Kopf gewendet. Er liegt nun innerhalb des Vogelhalses.

6. Klappe die oberste Ecke am Vogelkopf nach unten.

7. Falte die Spitze am Kopf so nach rechts oben, dass sie auf der Mittellinie liegt.

8. Mit einer Bergfalte (s. S. 16) kniffst du die letzte Faltung wieder in die Gegenrichtung. Nun ist der Vogelschnabel fertig.

9. Den in Schritt sechs aufgeklappten Vogelkopf faltest du nun entlang der Mittellinie wieder aufeinander.

10. Die Flügel des Vogels entstehen, indem du die oberste Papierlage schräg nach hinten umknickst. Wende die Figur und wiederhole den Schritt auch auf der Rückseite.

11. Damit die Vogelvase einen guten Stand bekommt, faltest du die untere linke Ecke der oberen Papierlage ein kleines Stück nach innen. Den Vogel wenden und den Schritt wiederholen. Die Figur zum Schluss leicht öffnen.

REGISTER

Bildnachweis

Alle Abbildungen stammen von der Autorin außer:

fotolia.com: sakura 4; Bithja Isabel Gehrke 8; Yvonne Paulus 12; ArVis 13; Yantra 14
shutterstock.com: S.R.Lee Photo Traveller 10

Danksagung

Herzlichen Dank an Bennet, Finja, Lea, Marcel, Pascal und ganz besonders an Hendrik.